WORTTRÄUME
TRAUMORTE

Gedichte
Bilder
Kalligrafie

GEDICHTE Corinna Voitl · BILDER Franz Heinfeldner · KALLIGRAFIE Lisa Beck

Träume leben

So wie in der Natur alles einem kosmischen Plan folgt, so geschehen im Leben immer wieder Dinge, wie von unsichtbarer Hand geführt. Der „Zufall" der Begegnung, das freudige Ja zur Idee, die Begeisterung der Umsetzung...

Dieser Zufall wollte es, dass sich die Wege dreier Menschen, einer Professorin und zwei ihrer ehemaligen Studenten, nach Jahren wieder kreuzten. Obwohl jeder seine künstlerischen Intentionen in unterschiedlichen Richtungen sucht, stellten sie fest, dass sich ihre Arbeit auf vielerlei Weise berührt und ergänzt. Diese Übereinstimmung weckte einen Traum und machte sie zu Partnern der Idee eines gemeinsamen Buches. Es schloss sich ein Kreis der Entwicklung, des Wandels und der Freundschaft.

Träume erfüllen sich oft ganz einfach und in diesem Fall in einem harmonischen Dreiklang.

Unsere Zeit ist geprägt von schnellem Wandel. Die spirituellen Texte, die alle eine positive Botschaft inne haben, in Symbiose mit den stimmungsvollen Landschaften und der ausdrucksvollen Schriftgestaltung machen dieses Buch zu einem besonderen Erlebnis der Sinne.

Die Zeit...
was ist das schon –
nur Eile
Einsamkeit
Sehnsucht
und Illusion
... in geistigen Sphären
existiert sie kaum
hier erleben wir
unseren Traum

der Erkenntnis
goldener Lohn

Aus Fantasie
geboren
drängt Licht
in den kühlen
Morgen

In Gedanken
verloren
führt mich
der
Traumpfad

In Liebe
geborgen

ICH BIN
  ALLEINS
    MIT DEM GRASHALM
    AM STRASSENRAND
  ALLEINS
    MIT DEN ENGELN
    IN LICHTEM GEWAND
  GEMEINSAM
    SCHWINGEN MIT
      MUTTER NATUR
    DEN SCHÖPFERGEIST
    SPÜREN IN
      JEDER KREATUR
  DIE LIEBE HÜLLT
    ALLES LEBEN EIN
    SIE IST DER WEG
    ZUM GLÜCKLICH
      SEIN

Lerne sie leben
und von Herzen geben
und erkenne so
ICH BIN *das Leben*

Der See ruht still im Dämmerschein
die Natur singt sanft ihr Abendlied

ich atme tief diese Stimmung ein...
die Augen geschlossen
nur mein Herz - es sieht

Silberflocken
tanzen
 flimmernd
 an den Strand
DER MOND
die Wellen in
 Frieden wiegt
ENGELSFLÜGEL
streifen lautlos
 meine Hand
DAS MEER
 sich sanft ans
Ufer schmiegt

Zarte Blüten drängen ans Licht

es duftet nach Frühling…

DIE NATUR
   küsst den Morgen
und legt ab
die Fesseln der Nacht
FARBEN brechen
   die Hülle des GRAU

Unbeschwertheit
   und neue Ziele
unter lachender Sonne

Erlösung der
VERGANGENHEIT

Frühling ist erwachen, begehren, ohne Ruh

Sommer das ist Leben, Liebe spüren, du

Herbst das ist vergehen, warten, ab und zu ...

Winter
DAS IST FRIEREN –
WÄRMEN
KANNST NUR DU...

die Stunden fliehen
die Tage fließen
bin ich am Ufer
oder inmitten
der Flut?
Egal – es ist alles
gut –

einfach den Moment
genießen
glücklich
und frei
viel zu schnell
ist alles vorbei ...

Auf dem steilen Weg zur Quelle...

fröhlich plätschernd
lädt mich der Bach
  zum Verweilen
Er flüstert leise
  warum beeilen
Das Glück des Augenblicks
umhüllt mich
  in zärtlicher Weise –
  wie wunderschön
  ist es eben jetzt

AN DIESER STELLE

Wellen
berauschende Töne
durchströmen den Raum
ich denk an nichts und laß mich
jeder Klang ein schöner treiben
Traum
kurz verwischt und kann doch bleiben

vom Schutz der Erde ins Feuer der Sonne um neue Luft zu trinken aus dem Fluß der Veränderung

Goldene Lichtstrahlen
 umschmeicheln
  sanft das Meer
EINE AHNUNG VON
 GEBORGENHEIT
   lang ist es her
Aus einer Zeit
in der wir nur das
   LICHT gekannt
haben wir uns einst
  ins DUNKEL
     verbannt
Der Horizont im Licht
  der Ozean – so friedvoll
   und weit
SEHNSUCHT nach dem
verlorenen Paradies
  und der Unendlichkeit

Der Schöpfung Harmonie
 die LIEBE im
Licht des Sonnenscheins
  lassen uns wieder
 einschwingen ins ewige
  GLÜCKLICHSEIN

Geschmückt in festlich bunten Kleidern
tanzen sie glücklich und frei im Wind

Auf den letzten warmen Sonnenstrahlen
rutschen sie in Scharen
wie ein unbeschwertes Kind

Sie freuen sich – obwohl sie vergehen

sie flüstern uns zu
habt VERTRAUEN
es gibt ein Wiedersehen…

denn wir wandeln uns nur
und jedes einzelne BLATT
gibt der Erde die Kraft

daß diese im Frühling
alles NEU erschafft

Verwischte Spur
vorbei – und doch
unvergänglicher
Reichtum
in der Seele
Kurze Sequenz voll
Glück
Spannung
Trauer
Fragen
vorbei –
und wieder
Tausend Male
am Tag
Millionen Male
im Leben

Flüsse der Erinnerung
 münden ins
  Meer der Träume
Lieder der Tränen
 verstummen
  in den Tälern
   des Schweigens

Erinnerungen werden durch den Focus der Tränen lebendig um sich dann im Licht der Sonne zu neuen Zielen zu wandeln

Chiron

NUR WER SICH VERBRANNT HAT
WEISS UM DER
Kühle Labsal

NUR WER ERFROREN WAR
KENNT DER
Geborgenheit Wonne

NUR WER IM TAL LEBTE
FÜHLT AM GIPFEL DIE
Nähe der Sonne

NUR WER IM DUNKELN
VERIRRT WAR
WEISS UM DER
Heimat Licht

NUR DURCH Heilung
FÜHRT EWIGER GEIST
REGIE ÜBER DAS
Schicksal

METAMORPHOSE
  DES EWIGEN SEIN
GEIST erstrahlt
  GESTALT
    ist nur Schein

vertraute Seele
  in irdischem Gewand
berührt mein Herz
  hält sanft meine
    Hand

MAI – Strohfeuer brennt
    NOVEMBER – nur noch Glut
entfacht den Kamin

Corinna Voitl
geboren 1958 in Augsburg

1974 -1976 Fachoberschule Augsburg
Bereich Gestaltung mit Abiturabschluss

1976 - 1980 Studium an der Fachhochschule Augsburg
Schwerpunkt Grafik-Design mit
Diplomarbeit bei Frau Prof. Lisa Beck

1976 - 1978 verschiedene Ausstellungsbeteiligungen
Große Schwäbische Kunstausstellung
Meringer Kunstausstellung
Einzelausstellung im Cafe Stadler

1980 - 1981 Anstellung in einer Messebaufirma als
Grafikerin und Assistentin der Herstellung

Seit 1982 freiberufliche Tätigkeit als Grafik-Designerin
mit eigenem Büro „Creativstudio" in Augsburg

Poetisches Schaffen seit 1975, hier entstanden erste,
meist autobiografisch geprägte Gedichte und Prosa.
Seit 1994 erste Berührungen mit spirituellen Erfahrungen.
Seit 1998 Reiki-Meisterin.
Seither widmen sich die Inhalte der Poesie den Themen
Natur, Bewußtheit und spirituelles Wachstum.

Lisa Beck
geboren 1927 in Augsburg

1947 Abitur an der Maria-Theresia-Schule Augsburg

1947 - 1952 Kunstschule der Stadt Augsburg
1952 - 1970 freiberufliche Tätigkeit als Grafikerin
1961 - 1967 nebenberufliche Dozententätigkeit
1967 - 1971 hauptberuflich als Dozentin an der
Werkkunstschule Augsburg, Fachgebiet
Grafik-Design mit Schwerpunkt Schrift
1961 - 1971 Durchführung einer „Typographischen
Grundlagenlehre" in den Meisterkursen
der IHK für das Grafische Gewerbe
1971 - 1990 Professorin an der Fachhochschule
Augsburg, Fachbereich Gestaltung

Seither freie gestalterische Tätigkeit,
Gestaltung von Büchern und Text-Bild-
Folgen als Privatdrucke

1952 -1988 Zusammenarbeit mit Eugen Nerdinger
als Mitautorin seiner fachtheoretischen
Veröffentlichungen über Schrift und
Gestaltgebung

1998 Auszeichnung mit dem Bundesverdienstkreuz
für schriftpädagogische Leistung

Franz Heinfeldner
geboren 1947 in Augsburg

1965 - 1970 Werkkunstschule Augsburg
1974 - 1978 Akademie der bildenden Künste München
Diplom, Meisterschüler von Prof. G. Berger

6 Jahre Lehrbeauftragter an der Fachhochschule
Augsburg, Fachbereich Gestaltung

Seit 1983 freiberufliche Tätigkeit auf dem Gebiet freier
und angewandter Kunst
Zahlreiche Ausstellungen und
Ausstellungsbeteiligungen im In- und Ausland

Auszeichnungen:

1976 Kunstpreis der Stadt Bayreuth anlässlich der
100 jährigen Festspiele

1977 Kunstpreis der Aktion Jugendschutz
Sektion Bayern

1984 Kunstpreis der Augsburger Galerie „Die Ecke"
(Kunst auf Postkarten)

1992 Kunstpreis des Bezirks Schwaben

1998 Kunstpreis der Stadt Donauwörth

IMPRESSUM

Idee und Gestaltung:
Creativstudio Corinna Voitl
Prof. Lisa Beck
Franz Heinfeldner

Fotografie:
Lichtbilddesign Susanne Holzmann

Gesamtherstellung:
Pröll Druck & Verlag GmbH & Co KG
Derchinger Straße 120, 86165 Augsburg

ISBN 3-9807813-2-1

© Copyright bei den Autoren und dem Verlag